손뜨개 수세미

김혜경 지음

예신 Books

책 머리에

그냥 간단하고 작게…
하지만 예쁜…
뜨개쟁이에게
수세미는 그런 존재가 아닐까 싶다.
너무 어렵지 않게
하지만 예쁘게 ᄉᄉ
도안만 볼 줄 안다면
뚝딱 떠 낼 수 있는 예쁜 수세미
빨간망토의 수세미는
그런 수세미이고 싶습니다.

빨간망토 김혜경

Special Thanks

나의 one team
내가 하는 모든 일을
지지하고 응원해 주는
세 분께 진심으로
감사의 마음을 전합니다.
김미경님, 남연주님, 김정미님
감사합니다.

Special Thanks

목차

**빨간망토의
기초 수세미**

사각 수세미 34
큐티 수세미 36
미니 호빵 수세미 38

**빨간망토의
음식 수세미**

와플 수세미 42
캔디 수세미 44
포도 수세미 46
망고스틴 사각 수세미 48
망고스틴 원형 수세미 52
컵케이크 수세미 56

**빨간망토의
꽃 수세미**

꽃호빵 수세미 62
카네이션 수세미  64
메리골드 수세미 66
데이지 수세미 70
해바라기 수세미 72

**빨간망토의
깜찍 수세미**

원피스 수세미 Ⅰ	78
원피스 수세미 Ⅱ	80
하트 수세미	82
하트 뽕끗 수세미	84

**빨간망토의
크리스마스 수세미**

오로라 수세미	90
리스 수세미	94
요정산타 수세미	96
산타클로스 수세미	100
크리스마스 수세미	104

사용 기호 ·········· 108

 해당 페이지에 있는 QR코드를 스캔하면
뜨는 과정을 동영상으로 보실 수 있습니다.

초보자도 뜰 수 있는
사각 수세미
뜨는 법 34쪽

함께 하면 더 귀여운
큐티 수세미

뜨는 법 36쪽

호호~ 호빵이 생각나게 하는
미니 호빵 수세미

뜨는 법 38쪽

올록볼록해서 더 도톰한
와플 수세미

뜨는 법 42쪽

배색하는 재미가 있는
캔디 수세미

뜨는 법 44쪽

포도알이 송송~
포도 수세미

뜨는 법 46쪽

포도 수세미

달콤한 과즙이 톡~
망고스틴 사각 수세미

뜨는 법 48쪽

컬러는 랜덤이지만 모두 예쁜
망고스틴 원형 수세미

뜨는 법 52쪽

원통뜨기로 뜨는 알록달록
컵케이크 수세미

뜨는 법 56쪽

평범한 호빵 수세미보다 더 만들기 쉬운
꽃호빵 수세미

뜨는 법 62쪽

감사한 마음을 선물해보세요
카네이션 수세미

뜨는 법 64쪽

꽃잎을 품은
메리골드 수세미

뜨는 법 66쪽

거품이 짱~
데이지 수세미

뜨는 법 70쪽

해바라기를 닮은
해바라기 수세미

뜨는 법 72쪽

앙증맞은 디자인
원피스 수세미 Ⅰ
뜨는 법 78쪽

아기자기하고 예쁜
원피스 수세미 II

뜨는 법 80쪽

반짝반짝 러블리한
하트 수세미

뜨는 법 82쪽

하트를 품은 귀여운
하트 뽕끗 수세미

뜨는 법 84쪽

별을 품은
오로라 수세미

뜨는 법 90쪽

메리 크리스마스
리스 수세미

뜨는 법 94쪽

소원을 들어주세요
요정 산타 수세미

뜨는 법 96쪽

행복을 선물하는
산타클로스 수세미

뜨는 법 100쪽

12월이 되면 어김없이 뜨게 되는
크리스마스 수세미

뜨는 법 104쪽

Merry Cliristmas & Happy New Year

빨간망토의
기초 수세미

사각 수세미

실 필립 싹싹 수세미 331, 335, 339, 341, 촉촉 수세미 01

 도구 모사용 코바늘 6/0호

 사이즈 가로 11.5cm × 세로 12cm

빨간망토의 Tip
- 도안은 겉면을 기준으로 그려집니다.

기초

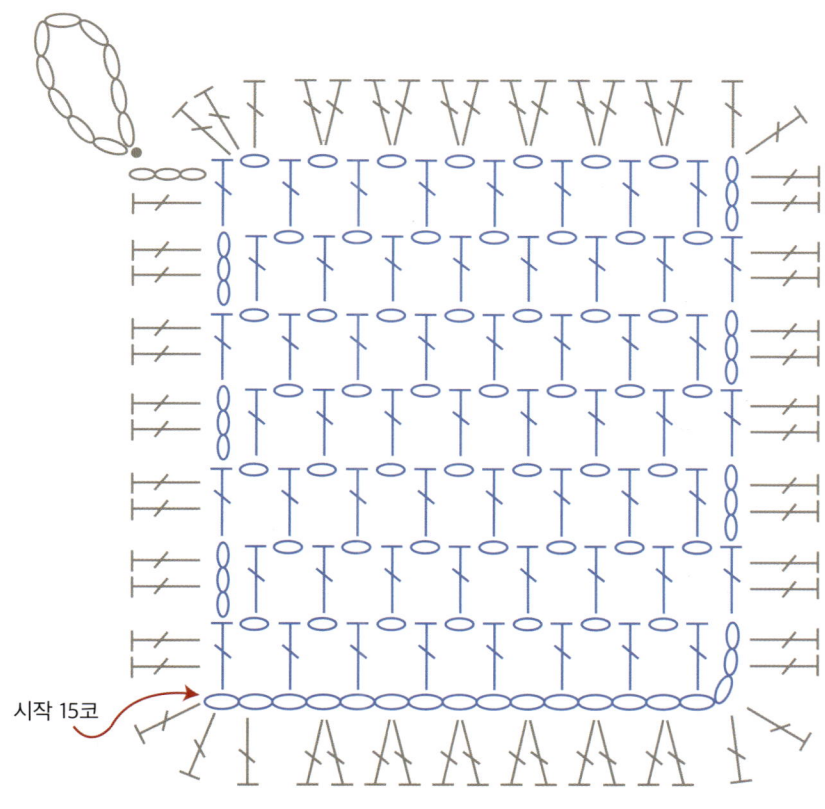

시작 15코

 **뜨는 법** 1. (파란색 부분) 싹싹 수세미로 네모뜨기를 합니다.
2. 네모뜨기 테두리를 촉촉 수세미로 떠줍니다.

사각 수세미 뜨는 과정

35

큐티 수세미

실 필립 싹싹 수세미 330, 332, 335, 341, 촉촉 수세미 01

 도구 모사용 코바늘 6/0호

 사이즈 지름 11cm

 **빨간망토의 Tip**
- 수세미 뜨기의 기초인 원형 뜨기를 배울 수 있습니다.

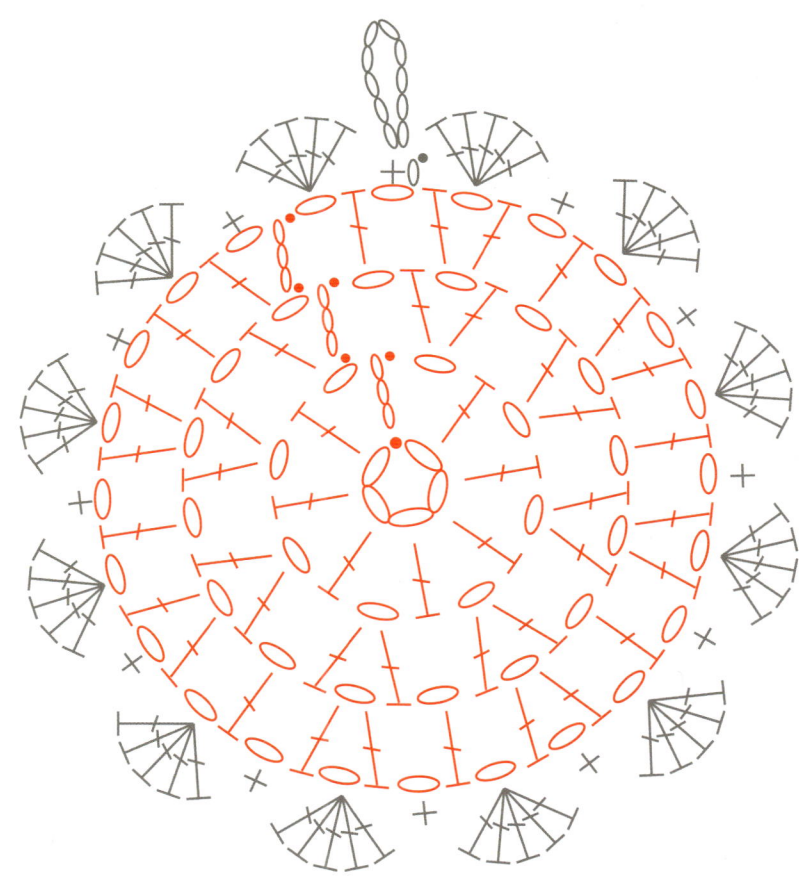

 **뜨는 법**
1. (빨간색 부분) 싹싹 수세미로 원형뜨기를 합니다.
2. 싹싹 수세미 흰색으로 원형뜨기 테두리를 조개무늬로 모양을 내줍니다.

 큐티 수세미 뜨는 과정

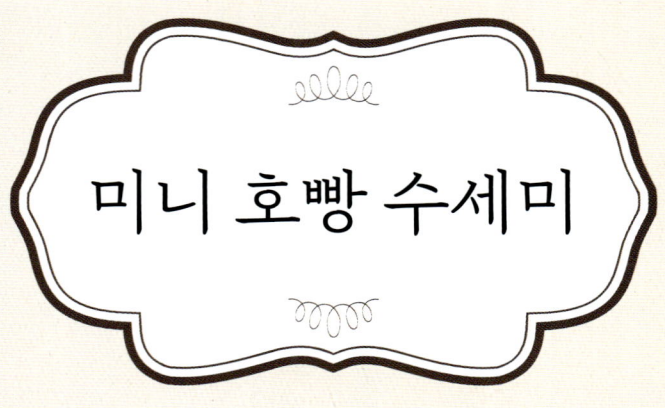

미니 호빵 수세미

실 리네아 클린 수세미 51, 56, 72, 77, 80

 도구 모사용 코바늘 6/0호

 사이즈 지름 10 cm

 **빨간망토의 Tip**

• 줄임 부분에서 코바늘을 작은 호수로 뜨면 뒷면이 더 예쁘게 떠집니다.

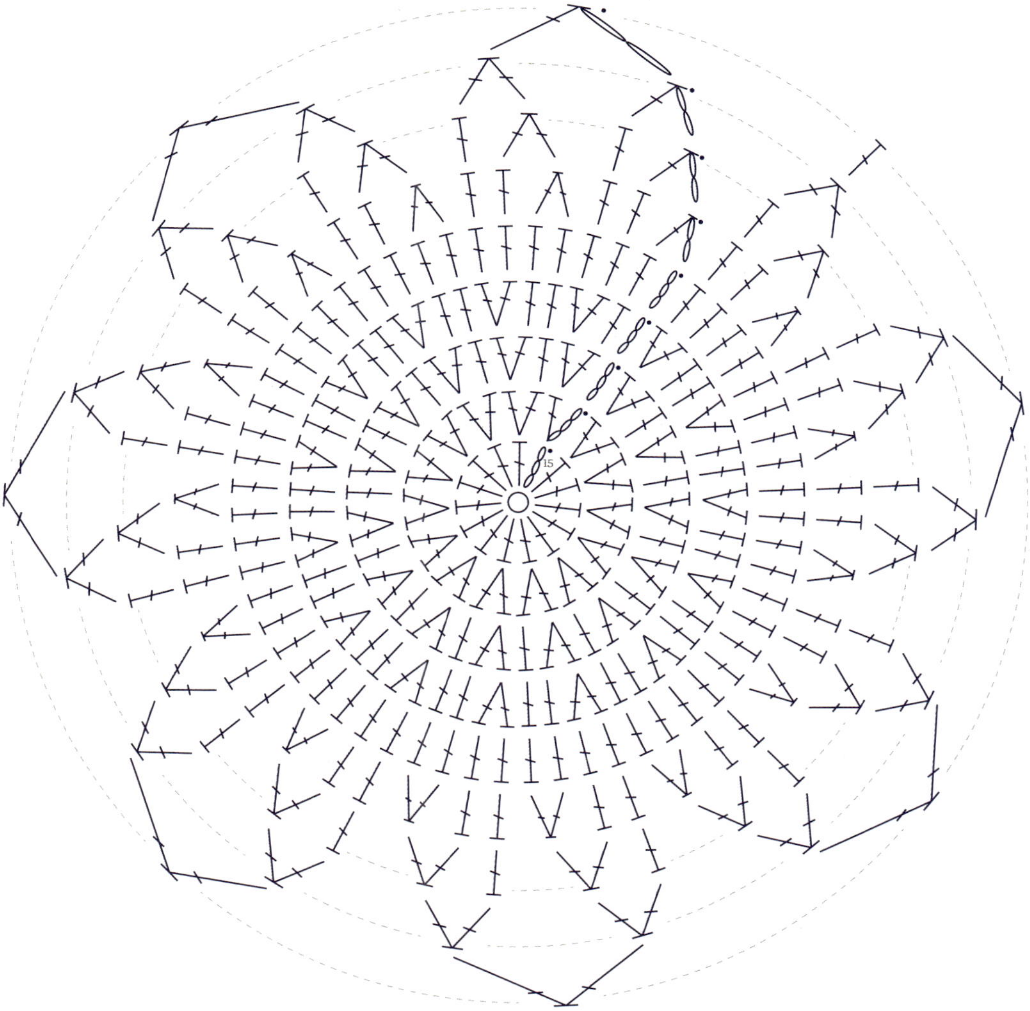

 **뜨는 법**
1. 시작은 매직링 만들기입니다.
2. 원형뜨기 늘림 규칙을 이해하면서 숫자 세기에 집중하며 떠봅시다.

빨간망토의
음식 수세미

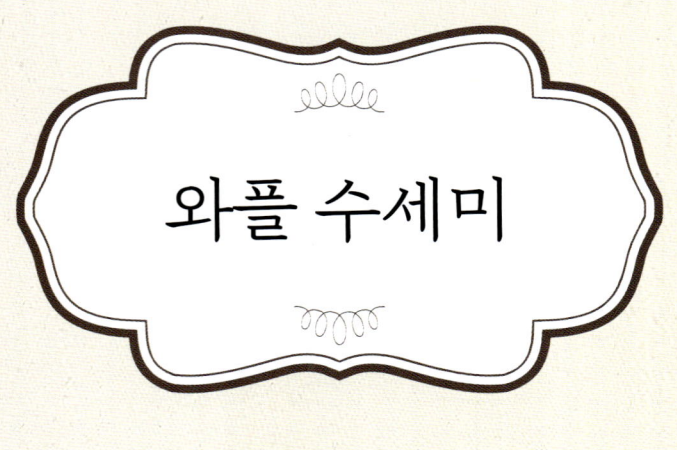

와플 수세미

실 리네아 클린 수세미 57, 59, 61, 62, 69

 도구 모사용 코바늘 6/0호

 사이즈 가로 10 cm × 세로 10.5 cm

음식

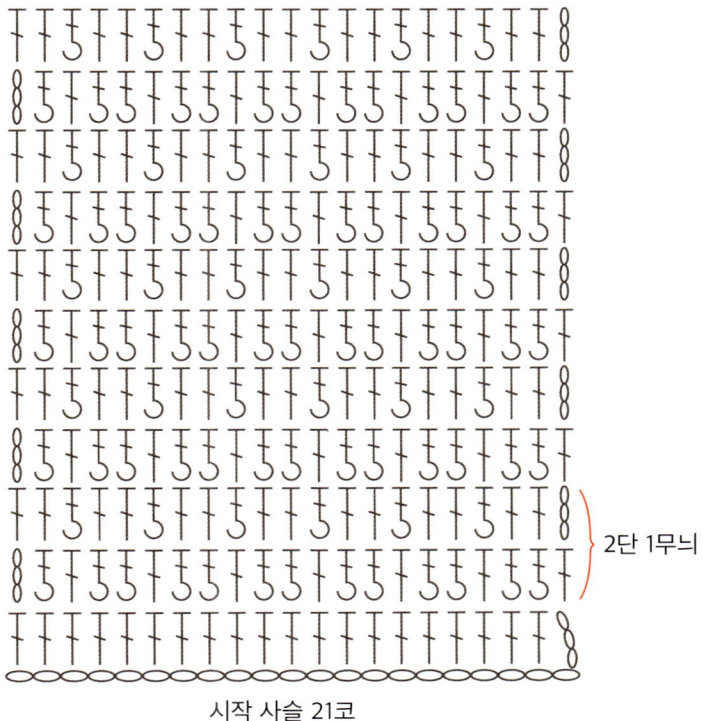

2단 1무늬

시작 사슬 21코

 **빨간망토의 Tip**

- 도안은 겉면을 기준으로 그려집니다.
- 앞걸어뜨기(=겉끌어올리기)와 뒤걸어뜨기(=안끌어올리기)를 잘 구분해서 뜨면 예쁜 와플 수세미가 만들어집니다.

와플 수세미 43

캔디 수세미

실 리네아 클린 수세미 1, 8, 14, 75, 81, 83

 도구 모사용 코바늘 6/0호

 사이즈 지름 11cm

 **빨간망토의 Tip**
• 색상을 바꿀 때 아래에 매달려 있는 실을 느슨하게 그대로 끌어올려 뜨면 편합니다.

음식

 **뜨는 법**
1. 두 가지 색상을 한 단씩 번갈아가며 뜹니다.
2. 매단 빼뜨기로 마무리를 지으면서 뜨되, 실을 자르지 않고 그대로 매달아둔 채 다음 색으로 다음 단을 시작합니다.
3. 고리를 만들고 싶다면 캔디 윗부분에 실을 묶어 사슬 15~20코 정도를 뜬 후 처음 실 묶은 곳에 마무리해주면 됩니다.

캔디 수세미

포도 수세미

실 리네아 클린 수세미 3, 55(꼭지), 78

 도구 모사용 코바늘 6/0호

 사이즈 가로 10cm × 세로 13cm (꼭지 포함)

 **빨간망토의 Tip**

• 포도송이는 팝콘뜨기로 만들어집니다.

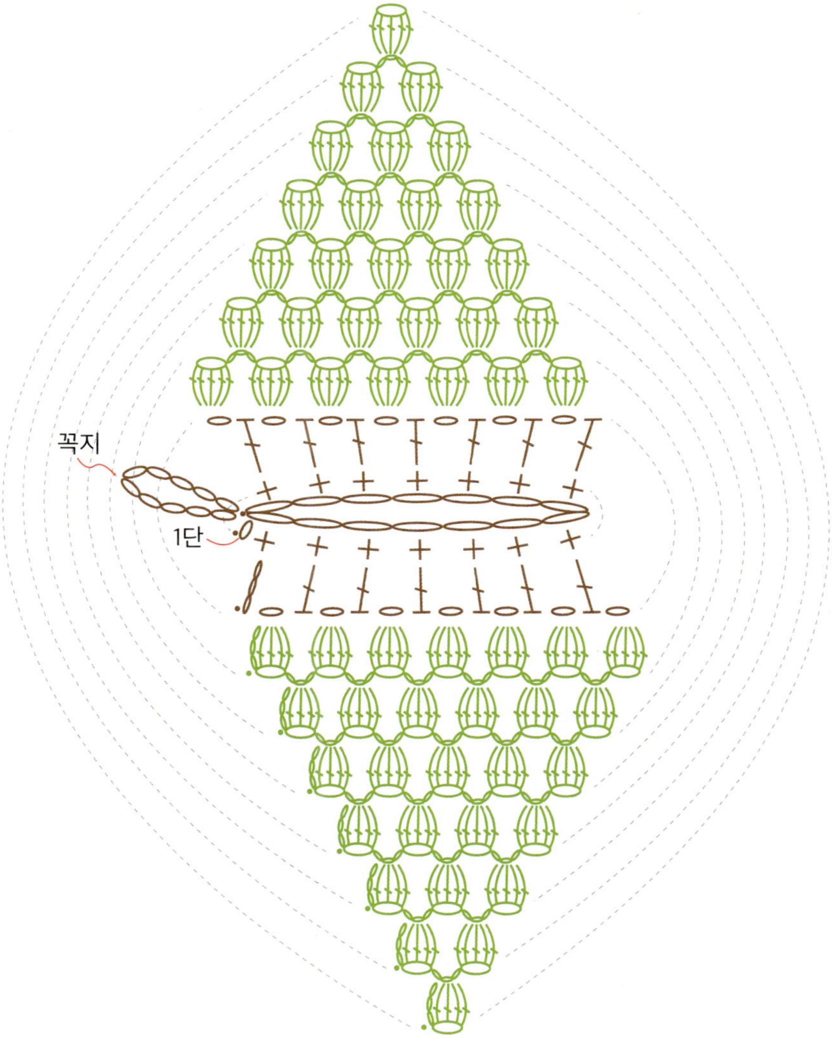

꼭지

1단

 **뜨는 법**

1. 사슬 10개를 만들고 첫 코에 빼뜨기를 해서 꼭지를 만듭니다.
2. 사슬 14개를 만들고 처음 빼뜨기를 한 곳에 한번 더 빼뜨기를 합니다.
3. 1단의 짧은뜨기를 하면서 원통뜨기를 시작합니다.
4. 도안의 점선을 확인하면서 코줄임에 신경쓰며 뜹니다.

포도 수세미

망고스틴 사각 수세미

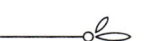

 실 리네아 클린 수세미 1, 8, 11, 67

 도구 모사용 코바늘 7/0호

 사이즈 가로 11cm × 세로 11cm

앞

뒤

● 빼뜨기
○ 사슬
+ 짧은뜨기
┬ 한길긴뜨기
팝콘뜨기

 **뜨는 법**

1. 도안대로 앞 1장, 뒤 1장을 뜹니다.
2. 두 장을 안끼리 맞대어줍니다.
3. 앞면을 보면서 앞뒷장을 한길긴뜨기로 뜨면서 이어줍니다.

망고스틴 사각 수세미

망고스틴 사각 수세미

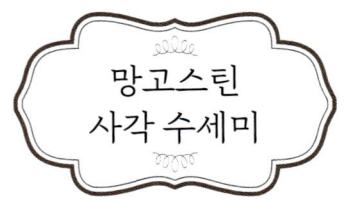

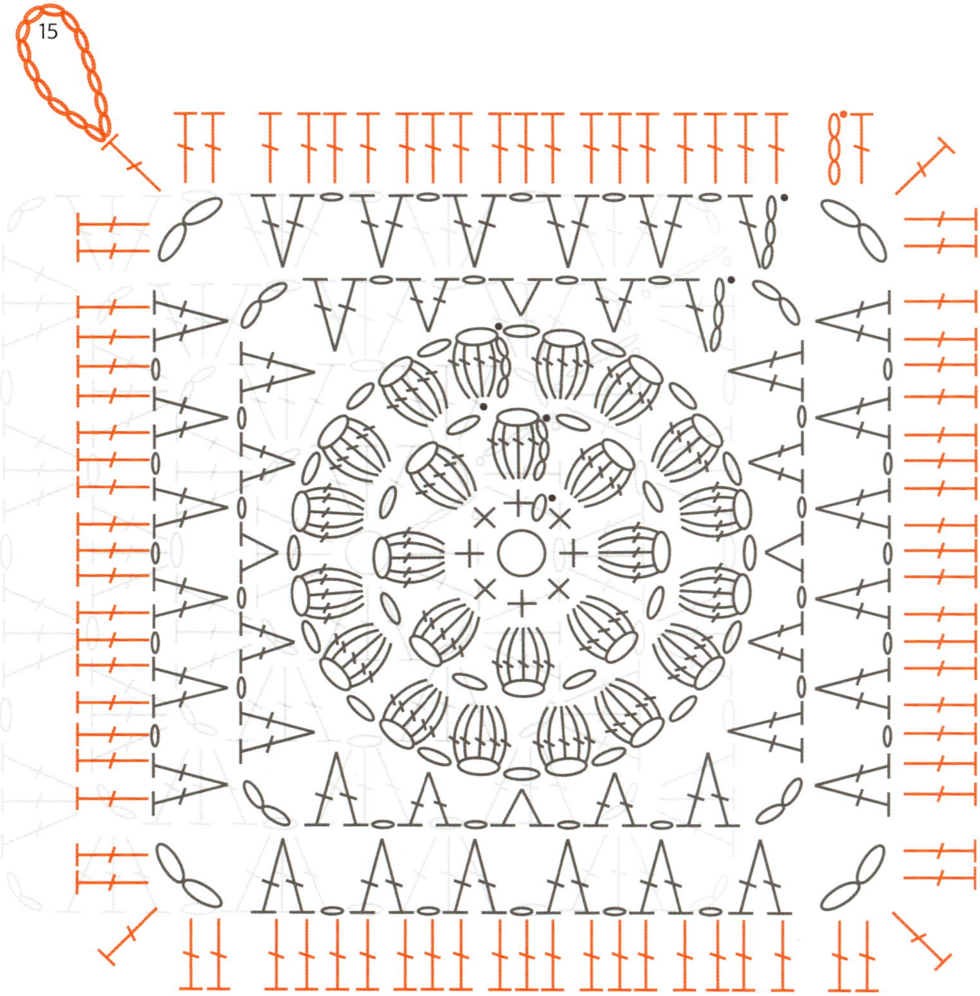

빨간망토의 Tip

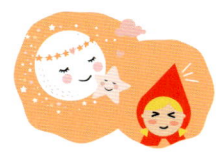

• 두 장의 크기가 비슷하게 나오도록 뜨면 잇기를 해놓았을 때 조금 더 깔끔한 모양이 됩니다.

● 만들고 싶은 나만의 수세미 도안을 그려보세요.

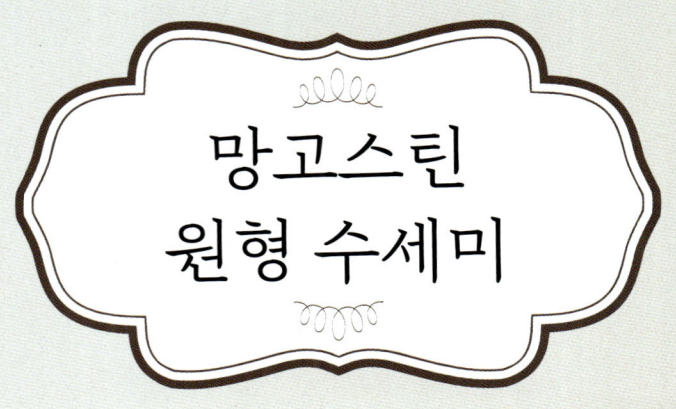

망고스틴 원형 수세미

실 리네아 클린 수세미 1, 3, 8, 9, 21, 56, 58

 도구 모사용 코바늘 6/0호

 사이즈 지름 12cm

앞
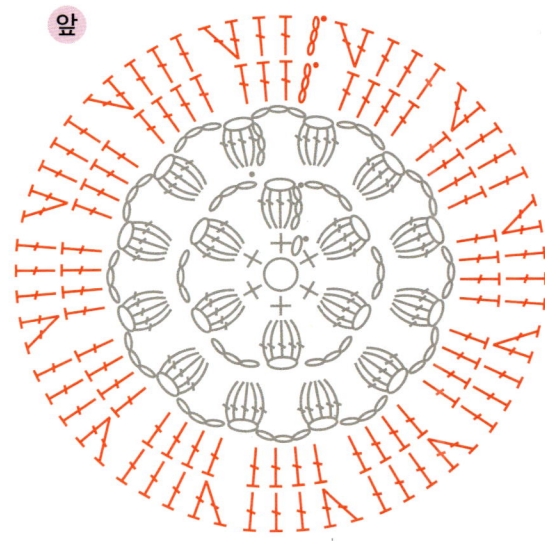

테두리 무늬

뒤
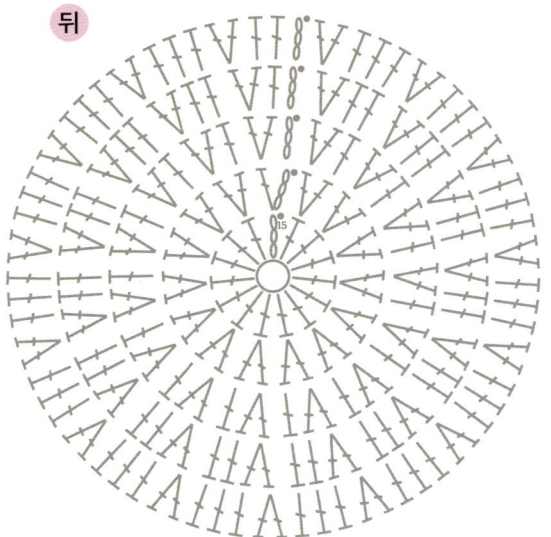

 **뜨는 법**
1. 뒷면은 흰색으로 뜹니다.
2. 매직링에 한길긴뜨기 15코
3. 한길긴뜨기 늘리기 × 15회 (30코)
   (한길긴뜨기, 한길긴뜨기 늘리기) × 15회 (45코)
   (한길긴뜨기2, 한길긴뜨기 늘리기) × 15회 (60코)

망고스틴 원형 수세미

망고스틴 원형 수세미

20

빨간망토의 Tip
- 안끼리 맞대어 앞뒤 두 장을 같이 뜨면서 테두리 무늬를 이어줍니다.
- 짧은뜨기는 짧게, 사슬뜨기는 조금 느슨히 떠주면 볼륨감 있는 망고스틴 수세미를 만들 수 있습니다.

● 만들고 싶은 나만의 수세미 도안을 그려보세요.

컵케이크 수세미

실 몽블랑위 30g 여러 가지 색상

 도구 모사용 코바늘 6/0호

 사이즈 가로 10cm × 세로 15cm (고리 제외)

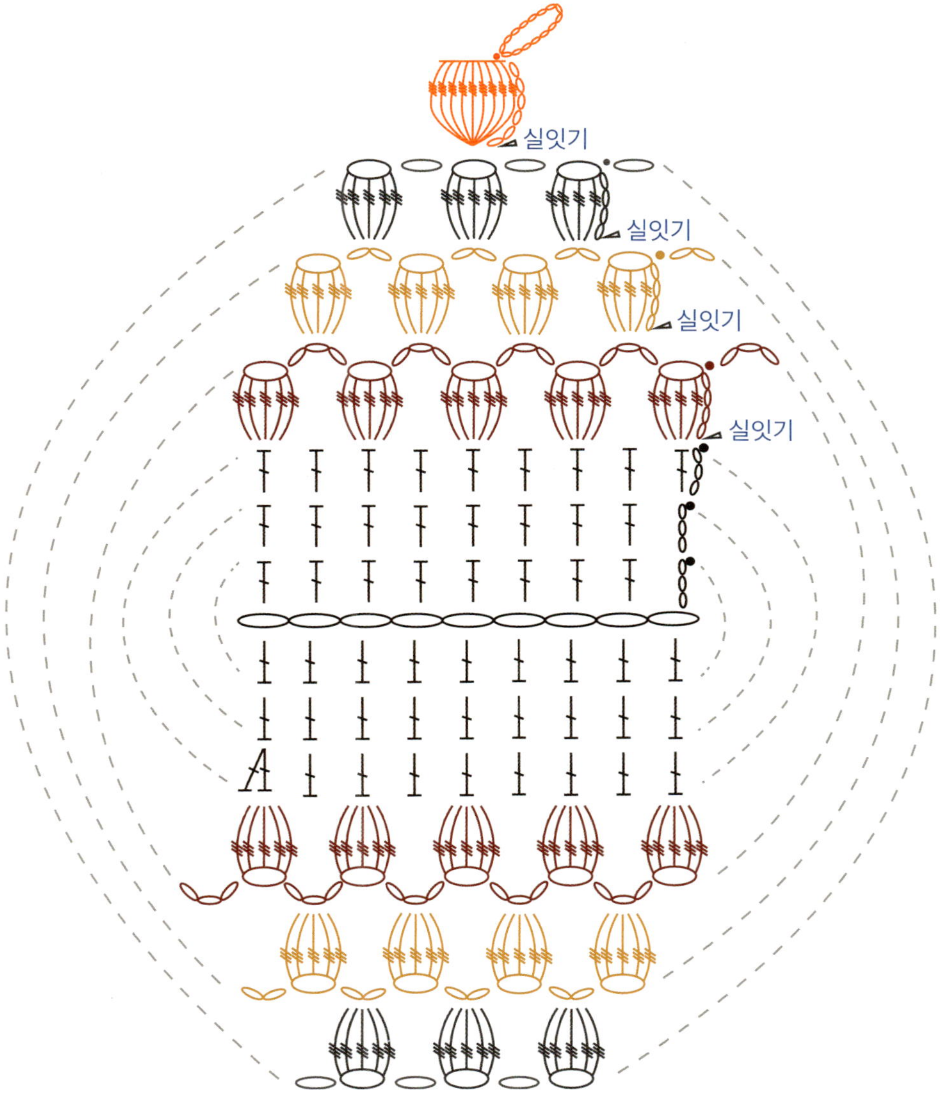

음식

 **뜨는 법**
1. 1~3단 : 빵 색상
2. 4, 5, 6단은 다양한 맛이 보이는 색상으로 뜹니다. (팝콘뜨기)
3. 7단은 체리 부분으로 포인트 색상으로 떠주면 좋습니다. (모아뜨기)

컵케이크 수세미

빨간망토의
꽃 수세미

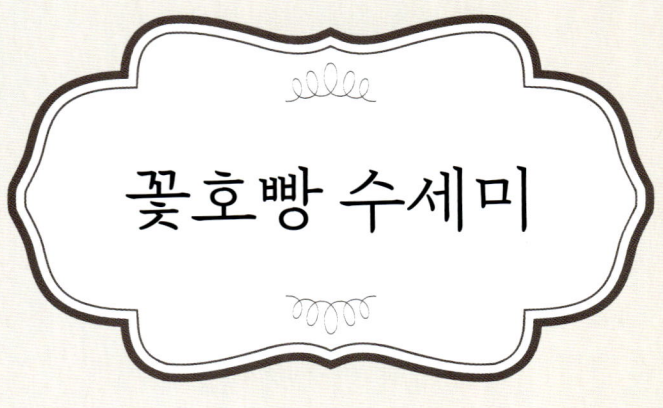

꽃호빵 수세미

실 리네아 클린 수세미 1, 7, 11, 23, 65, 78

 도구 모사용 코바늘 6/0호

 사이즈 지름 11.5cm

 **빨간망토의 Tip**
- 조금 느슨히 떠줄수록 통통한 모양이 나옵니다.

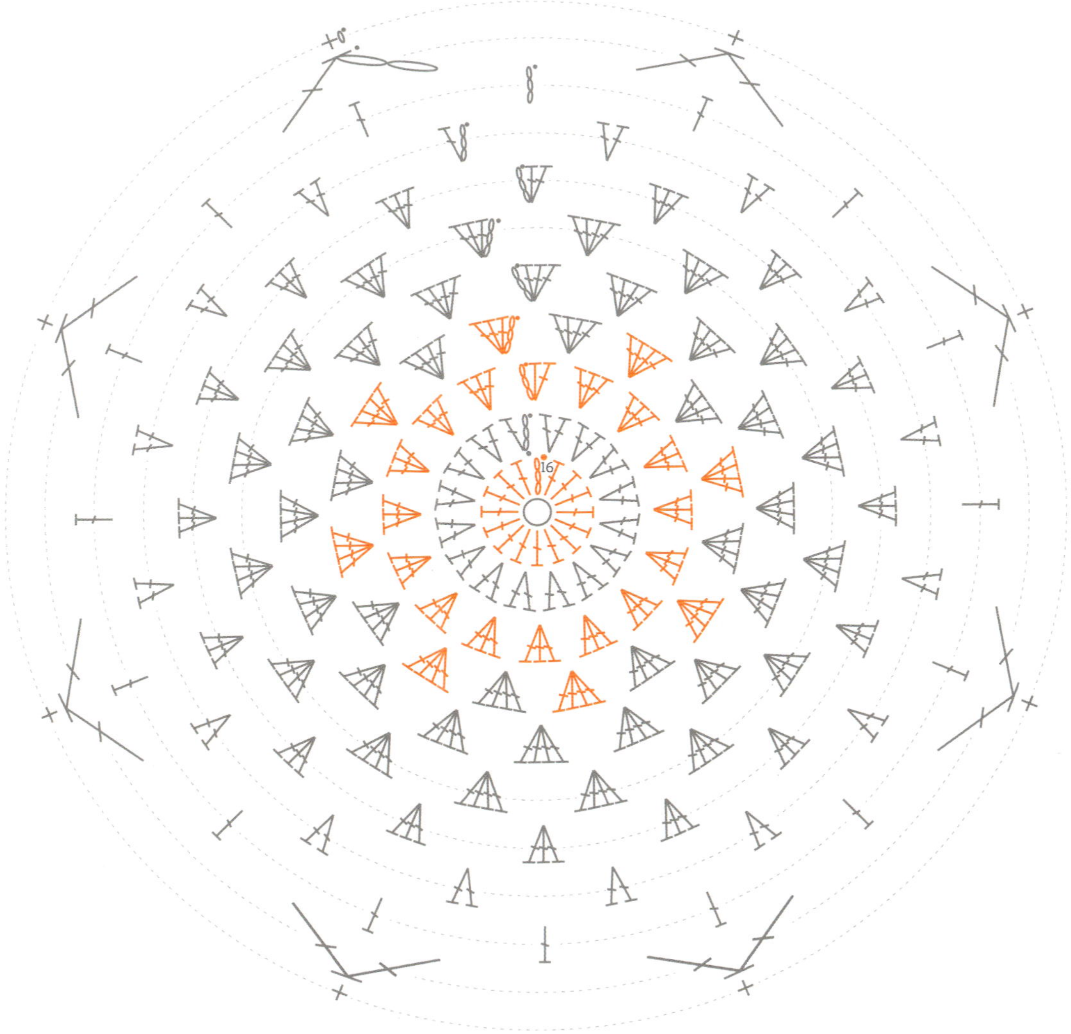

꽃

 **뜨는 법**
1. 색이 바뀔 때 뜨던 실을 자르지 말고, 마지막 코를 크게 만들어서 실뭉치를 통과시켜 마무리합니다.
2. 다음에 뜰 때 그 실을 그대로 가지고 와서 뜨면 깔끔한 편물이 됩니다.

카네이션 수세미

실 리네아 클린 수세미 1, 6, 7, 8, 11, 14, 67

 도구 모사용 코바늘 6/0호

 사이즈 지름 11cm

빨간망토의 Tip

- 실 색을 바꿀 때 너무 당겨서 뜨지 않도록 주의합니다.

꽃

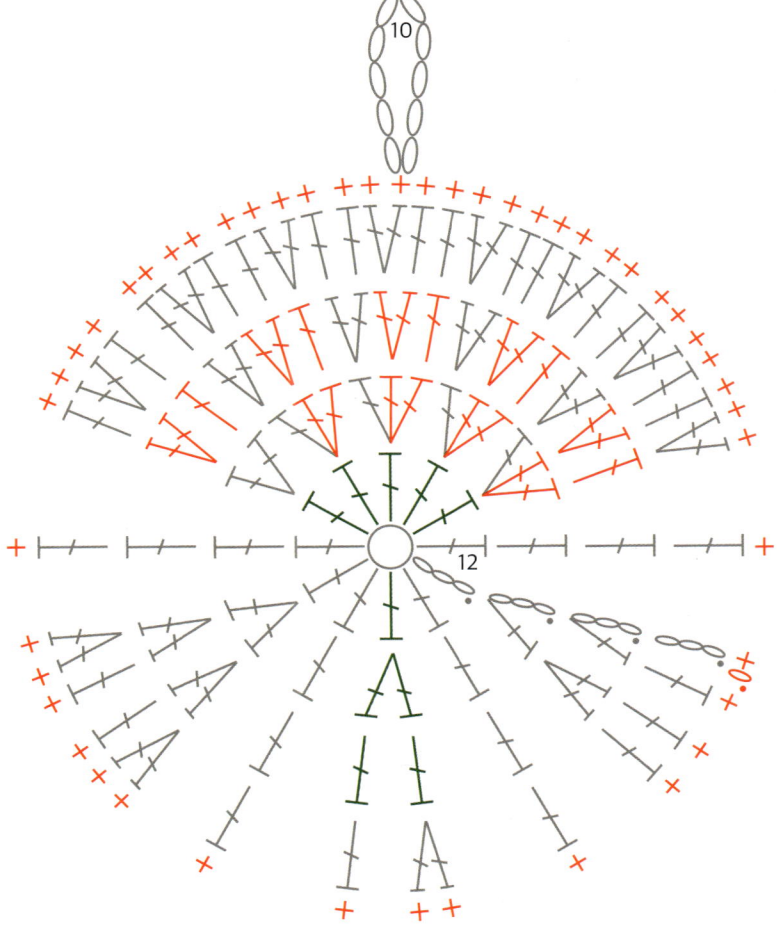

 **뜨는 법**

1. 흰색 실로 매직링에 사슬 3개를 올린 후 한길긴뜨기 1개, 초록으로 한길긴뜨기 5개, 다시 흰색으로 한길긴뜨기를 도안의 색상대로 뜬 후 빼뜨기를 합니다.
2. 도안처럼 배색을 하면서 4단까지 뜹니다.
3. 흰색 실로 도안대로 1장을 뜹니다.
4. 2장을 안끼리 맞대어 꽃잎색 실로 짧은뜨기로 연결하고, 사슬로 고리를 만듭니다.

카네이션 수세미 뜨는 과정

메리골드 수세미

실 리네아 클린 수세미 1, 57, 61, 62

 도구 모사용 코바늘 6/0호

 사이즈 지름 11cm

빨간망토의 Tip

- 2단 구슬뜨기를 할 때 느슨하고 길게 뜰수록 입체감이 살아납니다.

꽃

 **뜨는 법**
1. 바탕색으로 매직링에 한길긴뜨기 16코를 만듭니다.
2. 2단은 흰색, 3~4단은 바탕색으로 뜹니다.
3. 4단까지 2장 뜨고 안끼리 맞대어 흰색으로 테두리 무늬(5단)를 뜹니다.

메리골드 수세미

테두리 무늬
짧은뜨기는 짧게, 사슬뜨기는 느슨히 떠보세요.

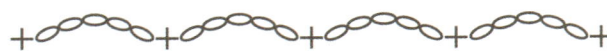

 **뜨는 법 1.** 2장을 안끼리 맞대어 테두리 무늬를 뜨면서 이어줍니다.

● 만들고 싶은 나만의 수세미 도안을 그려보세요.

데이지 수세미

실 리네아 클린 수세미 18, 57, 61, 67, 72, 77 (뒤 4)

 도구 모사용 코바늘 6/0호

 사이즈 지름 11cm

데이지 수세미 뜨는 과정

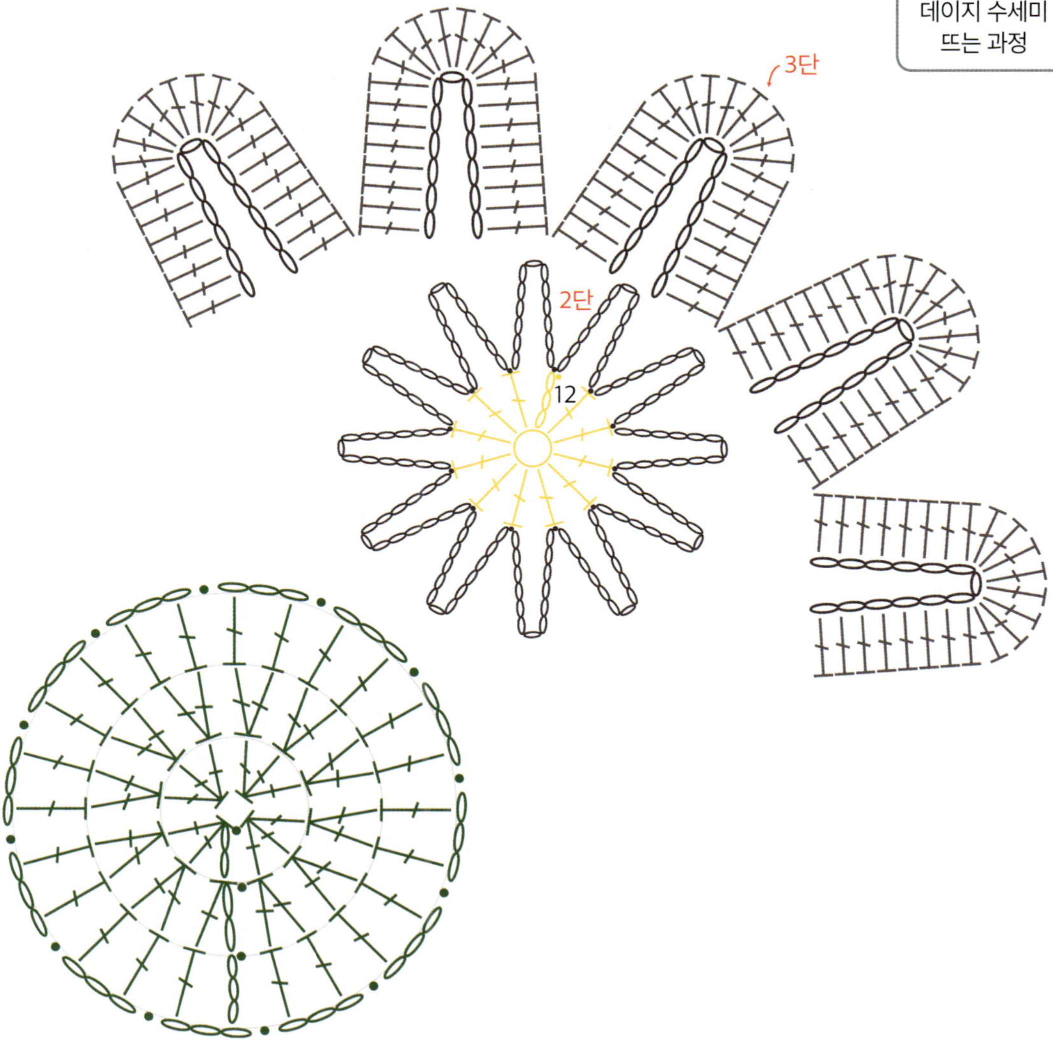

 **뜨는 법**

1. 꽃수술 색상으로 매직링을 만들어 한길긴뜨기 12개를 뜹니다.
2. 꽃잎 색으로 (사슬 13개, 빼뜨기) × 12개를 만들어줍니다.
3. 동영상을 참고하여 꽃잎과 꽃수술 부분을 떠줍니다.
4. 뒷면은 꽃잎 색으로 (사슬 3개, 빼뜨기) × 12개를 뜹니다.
5. 이파리 색으로 도안대로 3단을 뜨고 고리를 만들어줍니다.

해바라기 수세미

실 한일모사 에코 수세미 2, 14, 31, 36

 도구 모사용 코바늘 6/0호

 사이즈 지름 12cm

해바라기 수세미 뜨는 과정

꽃

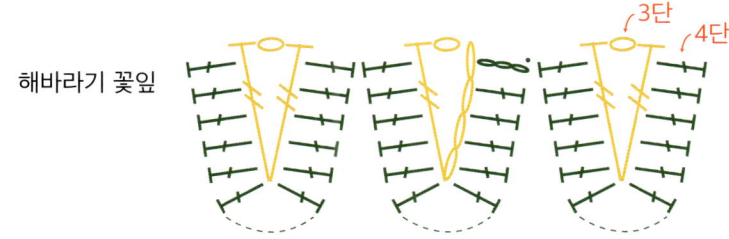

해바라기 꽃잎

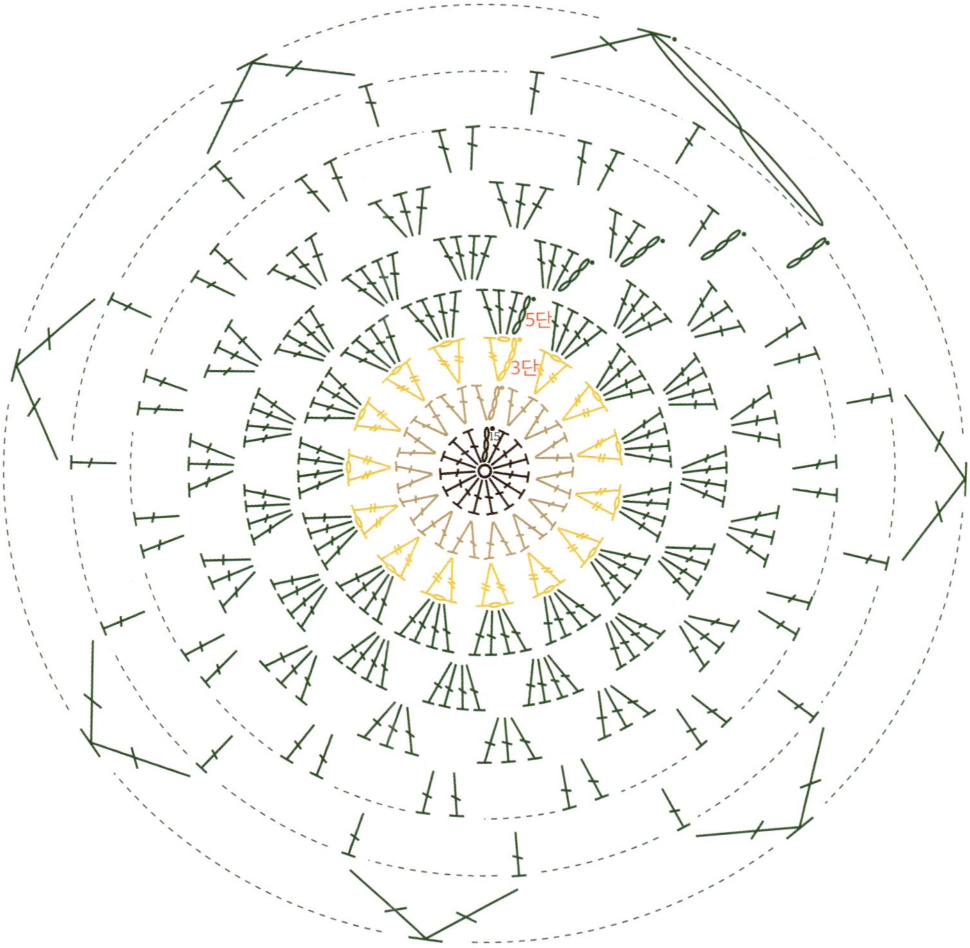

빨간망토의
깜찍 수세미

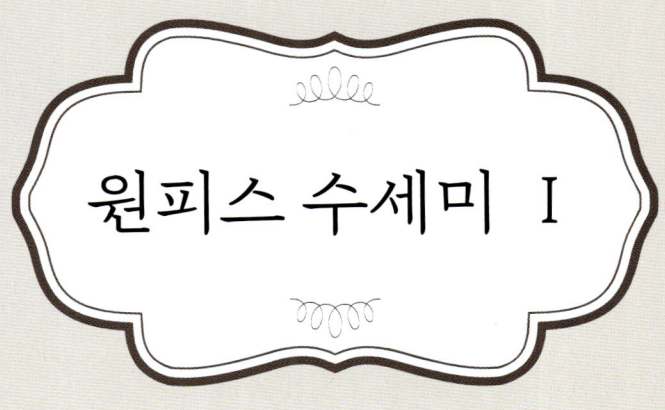

원피스 수세미 I

실 리네아 클린 수세미 1, 2, 6, 58, 75, 78

 도구 모사용 코바늘 6/0호

 사이즈 가로 12cm × 세로 12cm

 **뜨는 법**
1. 도안대로 4단까지 늘림을 해주며 뜹니다.
2. 5단에서 한길긴뜨기 12개를 뜨고 12코를 쉼코하여 13번째 코부터 한길긴뜨기 12개를 뜹니다.
3. 남은 12코를 쉼코(건너뛰기)하고 기둥코에 빼뜨기합니다.

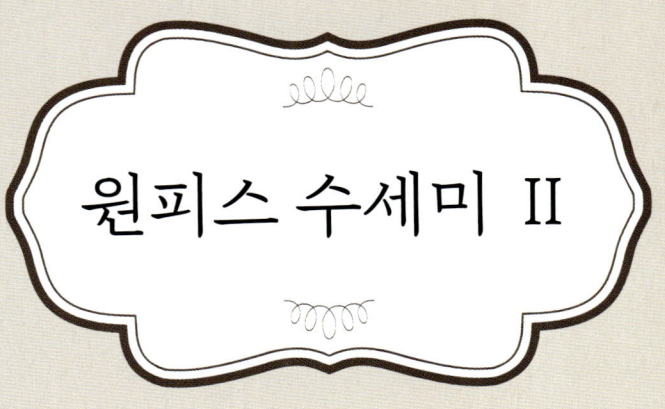

원피스 수세미 II

실 리네아 클린 수세미 1, 2, 23, 67, 71, 78

 도구 모사용 코바늘 6/0호

 사이즈 가로 12 cm × 세로 12 cm

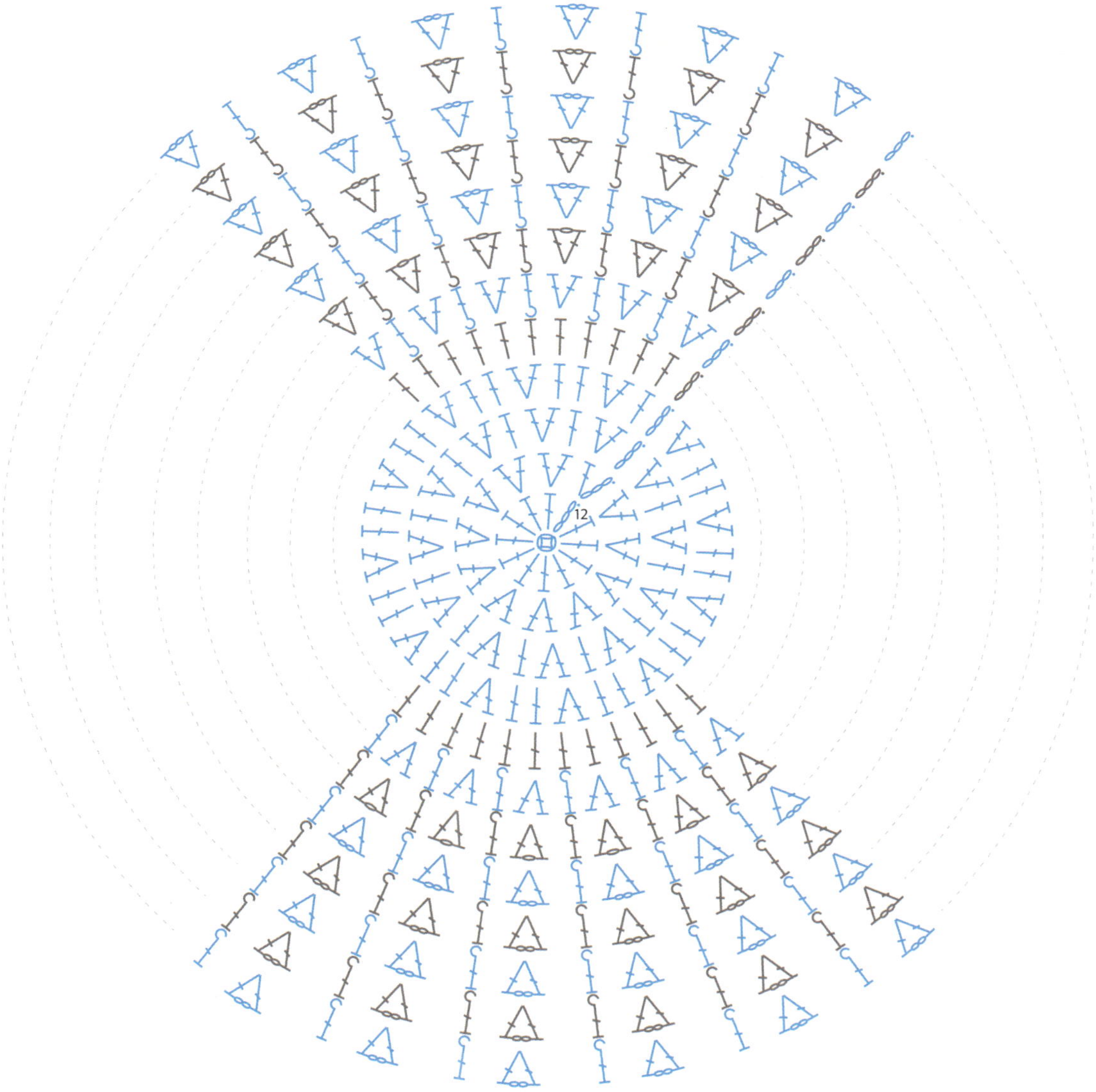

 **뜨는 법**
1. 도안을 보면서 4단까지 뜹니다.
2. 5단에서 소매와 몸통으로 분리를 합니다.
3. 6단부터 앞끌어올려뜨기가 나옵니다.
4. 조금 느슨히 뜰수록 입체감이 살아납니다.

하트 수세미

실 리네아 클린 수세미 1, 51, 54, 55, 56, 80

 도구 모사용 코바늘 6/0호

 사이즈 가로 14cm × 세로 11cm

 **빨간망토의 Tip**
- 테두리 무늬는 꼭! 흰색으로 떠줍니다.

 깜찍

테두리 무늬
빼뜨기는 단단하게, 사슬은 느슨히 떠주세요.

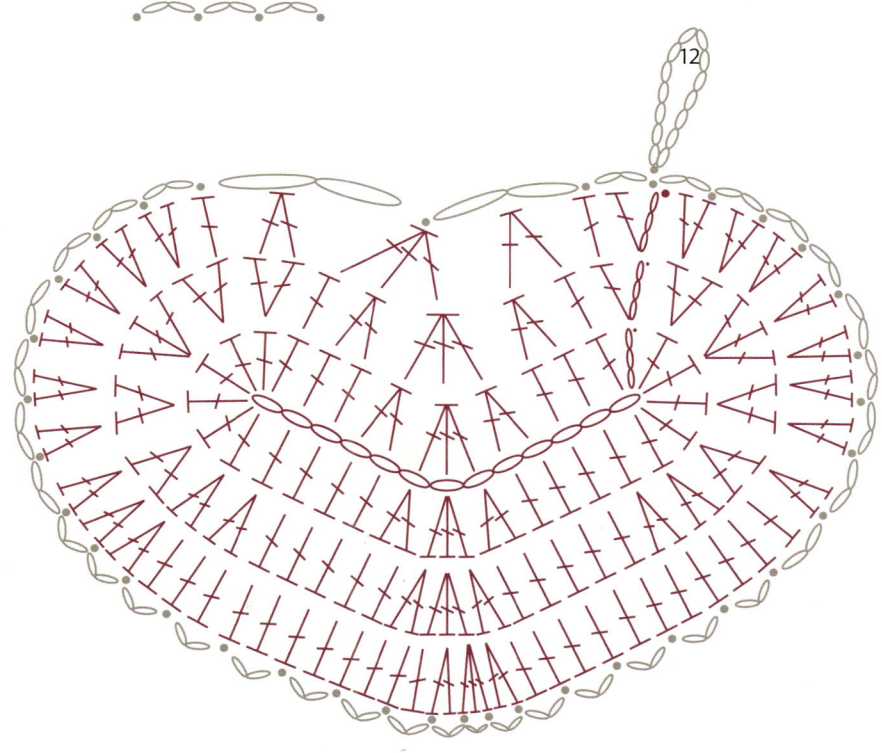

 **뜨는 법**
1. 기초 코 13코를 만듭니다.
2. 7번째 사슬에 콧수링을 걸어주면 줄임 코 부분과 늘림 코 부분을 찾기가 수월합니다.

하트 수세미

하트 뽕끗 수세미

실 리네아 클린 수세미 2, 6, 78

 도구 모사용 코바늘 6/0호

 사이즈 가로 10.5cm × 세로 9cm

빨간망토의 Tip
- 위에서 아래로 뜨는 방식입니다.
- 시작은 매직링입니다.

뽕끗 부분 2장

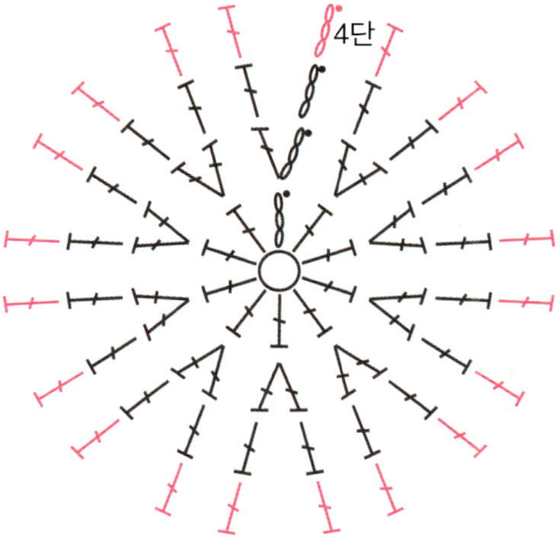

4단

뽕끗 부분 2장 연결

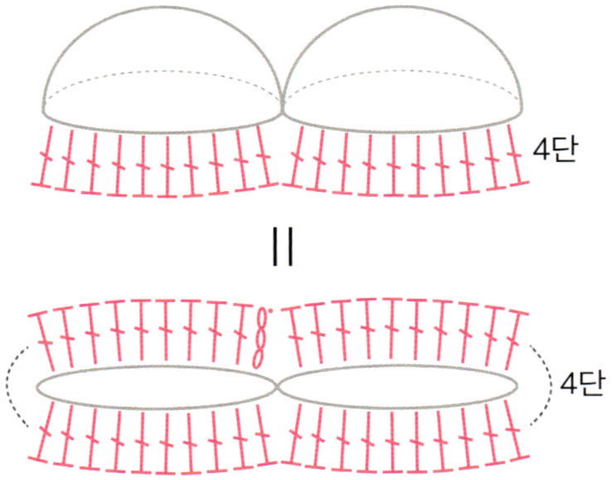

4단

=

4단

뒤집은 모양

뽕끗 아랫부분

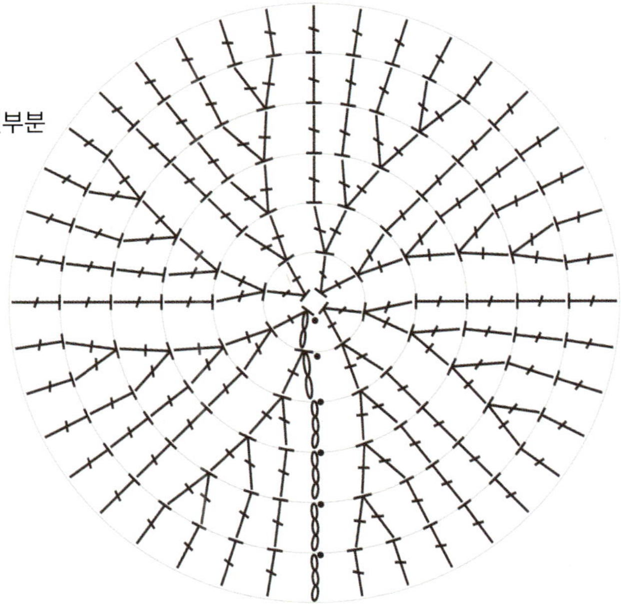

 **뜨는 법**
1. 뽕끗 부분 2장을 뜹니다. 2. 한길긴뜨기로 하트 뽕끗 부분 2장을 이어서 한 단 떠줍니다.
3. 뽕끗 아랫부분 도안대로 줄임하며 뜹니다. 줄임 부분이 느슨히 떠지지 않도록 주의합니다.

빨간망토의
크리스마스 수세미

오로라 수세미

실 리네아 클린 수세미 1, 51, 52, 72, 79, 80

 도구 모사용 코바늘 6/0호

 사이즈 지름 11cm

 **빨간망토의 Tip**
- 도안은 겉면을 기준으로 그려집니다.

크리스마스

- ● 빼뜨기
- ⭘ 사슬
- ＋ 짧은뜨기
- ┬ 긴뜨기
- ╪ 한길긴뜨기
- V 한길긴뜨기 늘리기
- Λ 한길긴뜨기 두코모아뜨기
- ╪ 두길긴뜨기
- ╪ 세길긴뜨기

오로라 수세미 91

오로라 수세미

뜨는 법

(흰색 부분)
1. 1단 : 매직링에 한길긴뜨기 12개를 뜹니다. (기둥코 포함)
2. 2단 : 도안대로 늘림을 해서 25코를 만듭니다.
3. 3단 : 별을 하나씩 만들어 5개가 되게 합니다.
4. 이후부터는 도안을 보고 원통뜨기로 떠줍니다.

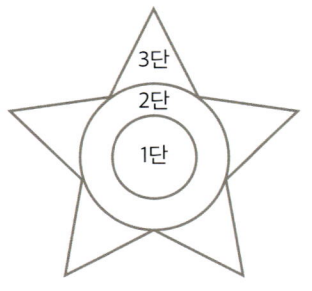

● 만들고 싶은 나만의 수세미 도안을 그려보세요.

오로라 수세미

리스 수세미

실 리네아 클린 수세미 1, 8, 14, 금사

 도구 모사용 코바늘 6/0호

 사이즈 지름 12cm

빨간망토의 Tip

• 4단 금사로 뜨는 부분이 너무 꼭 떠지지 않게 합니다.

크리스마스

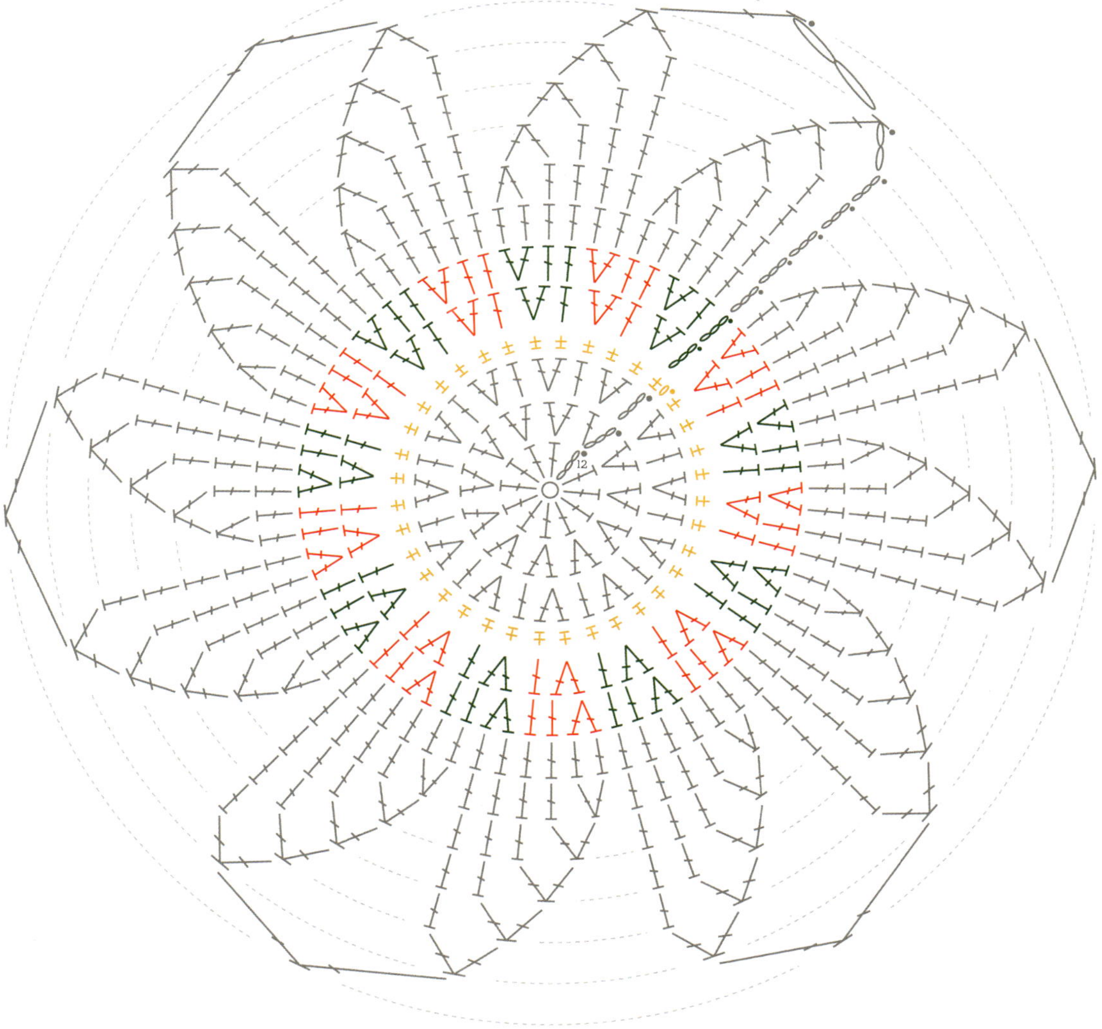

 **뜨는 법**

1. 1~3단 : 흰색
2. 4단 : 금사 (줄기뜨기)
3. 5~6단 : 빨강과 초록으로 배색뜨기
4. 7~13단 : 흰색

리스 수세미 95

요정산타 수세미

실 리네아 클린 수세미 1, 6, 8, 11, 75

 도구 모사용 코바늘 6/0호, 돗바늘

 사이즈 가로 12cm × 세로 15cm

 **빨간망토의 Tip**
- 도안은 겉면을 기준으로 그려집니다.

요정 모자 부분

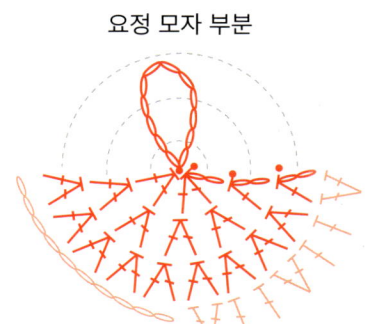

산타 코

 돗바늘로 달아주세요.

크리스마스

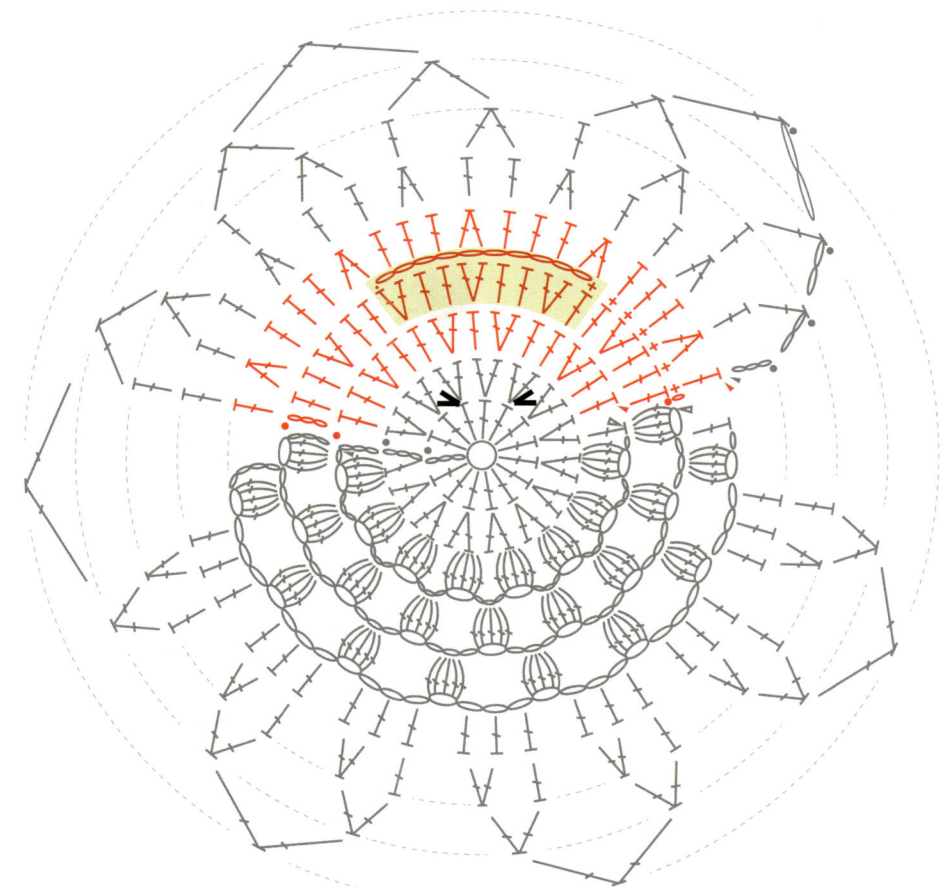

요정산타 수세미

● 요정 산타 수세미 과정샷

1. 매직링→1단 : 흰색 - 한길긴뜨기 15코 (기둥코 포함)

2. 2단 : 흰색 - 한길긴뜨기 30코 (기둥코 포함)

3. 3단 : 흰색 - 팝콘뜨기로 수염 8개를 뜨고 실 자르기

4. 4단 : 흰색 - 왼쪽에 새로 실을 잇고 수염 9개를 떠서 실 자르기

5. 3단 : 수염 오른쪽에 빨간실 묶기

6. 빨강으로 3단뜨기

7. 사슬 3코(기둥코) 만들어서 왼쪽 수염에 빼뜨기

8. 빨강으로 4단뜨기

9. 짧은뜨기 7코 뜨고 사슬뜨기 10코 만들기

10. 10번째 코에 빼뜨기를 한 모습

11. 위에 동그란 부분이 요정의 모자가 됩니다.

12. 뒤를 보고 뜨기 시작합니다. (원통뜨기)

13. 요정 모자 1단을 뜬 모습

14. 위쪽에서 본 모습

15. 요정 모자 2단을 뜬 모습 (5코)

16. 요정 모자를 다 뜨고 고리까지 뜬 모습

17. 오른쪽 수염 끝에 흰색 실을 묶어 수염 3단뜨기

18. 왼쪽 수염 끝부분에 빨간 실 잇기

19. 뒷면 - 빨간 부분 뜨기

20. 검은색 실로 눈을 수놓고 돗바늘로 코 달아주기

21. 뒷면 6단 뜬 모습

22. 뒷면 7단 뜬 모습

23. 뒷면 8단 뜬 모습

24. 뒷면 9단 뜬 모습
(실 안으로 숨기기)

요정산타 수세미 **99**

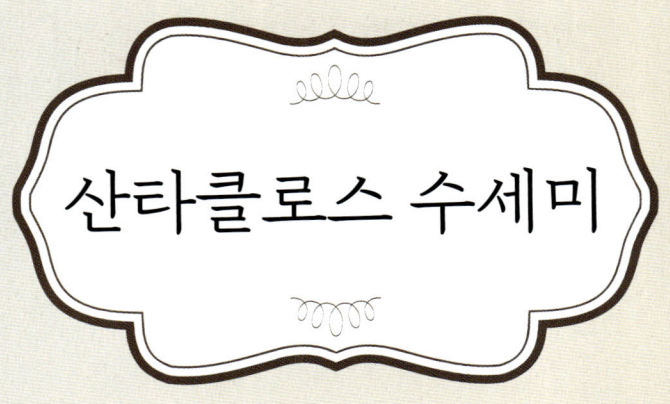

산타클로스 수세미

실 리네아 클린 수세미 1, 8, 14

 도구 모사용 코바늘 6/0호, 돗바늘

 사이즈 지름 12cm

 **빨간망토의 Tip**
- 도안은 겉면을 기준으로 그려집니다.

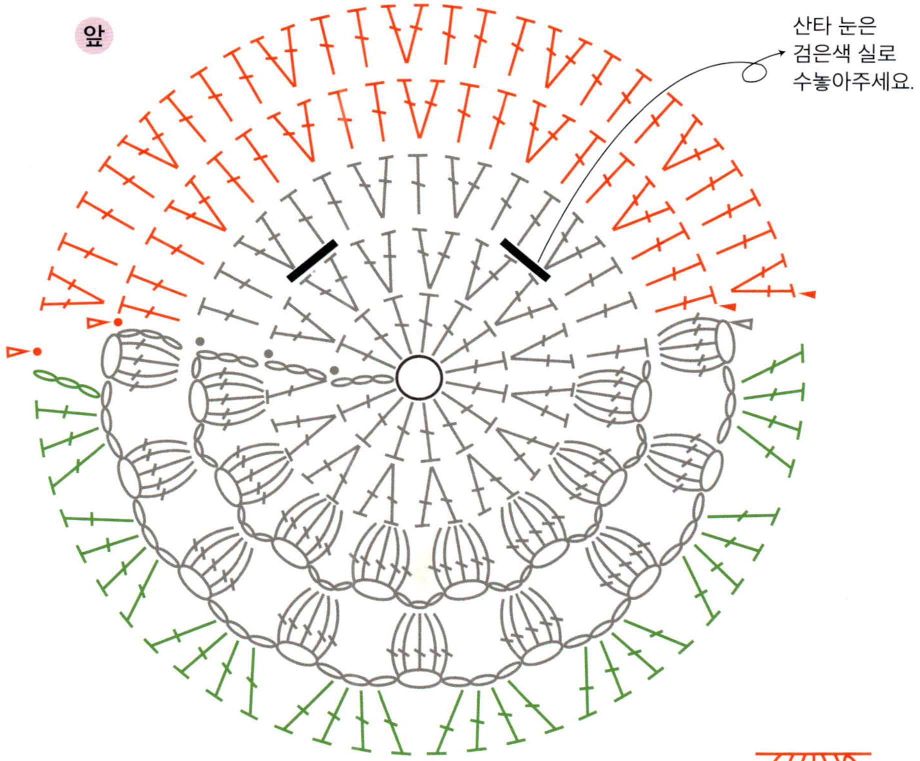

앞

산타 눈은 검은색 실로 수놓아주세요.

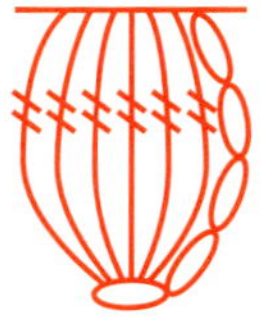

크리스마스

산타 코는 돗바늘로 달아주세요.

 **뜨는 법 1.** 앞면이 떠지면 눈을 수놓고 산타 코를 만들어 달아줍니다.

산타클로스 수세미

뒤

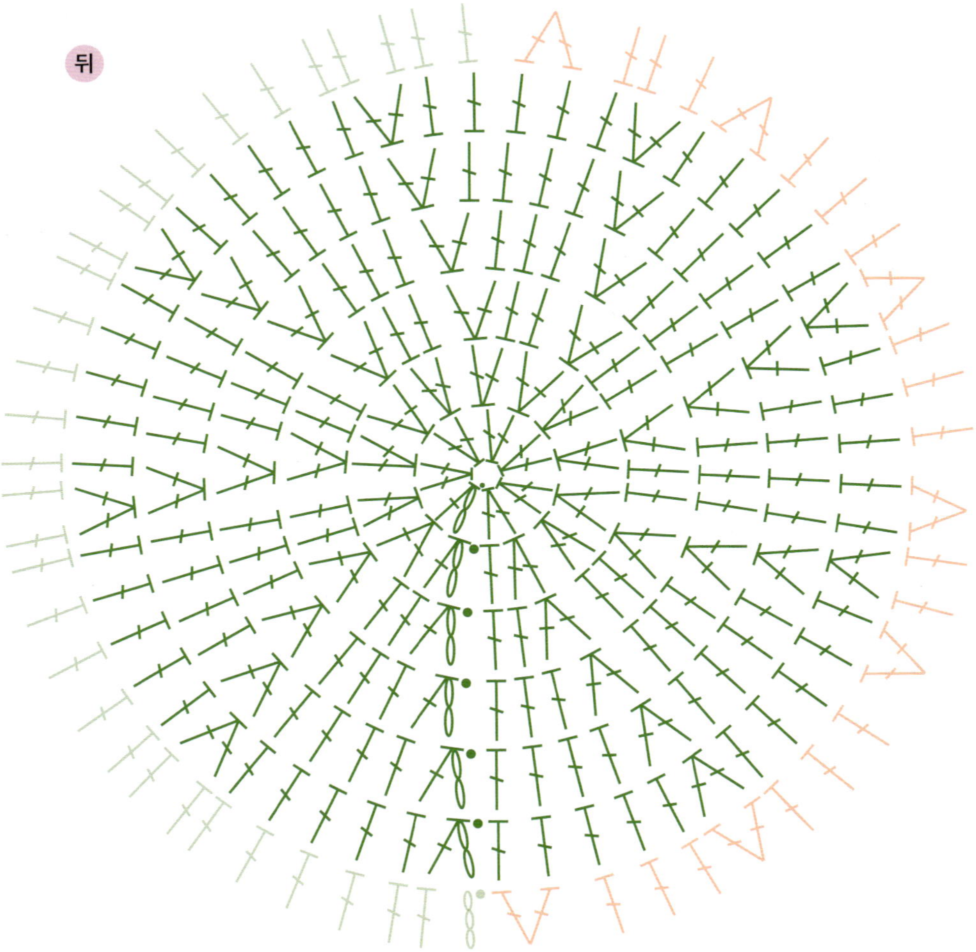

빨간망토의 Tip

- 코줄임 콧수에 유의하며 뜹니다.
- 마지막에 구멍이 생기면 돗바늘로 머리코를 감침질하여 당겨줍니다.

● 산타클로스 수세미 과정샷

1. 매직링→1단 : 흰색 - 한길긴뜨기 15코 (기둥코 포함)

2. 2단 : 흰색 - 한길긴뜨기 30코 (기둥코 포함)

3. 3단 : 흰색 - 팝콘뜨기로 수염 8개

4. 4단 : 흰색 - 수염 9개

5. 4단 : 빨간색 실 오른쪽에 묶기 한길긴뜨기 24개

6. 5단 : 초록 - 한길긴뜨기 4개씩 8회 (32코)

7. 5단 : 빨강 - 한길긴뜨기 31개

8. 돗바늘로 눈 모양 수놓기

9. 코 만들어 중앙에 말아주기

10. 뒷면 6단 뜬 모습

11. 6단 뜬 옆모습

12. 뒷면 7단 뜬 모습

13. 7단까지 뜬 옆모습

14. 뒷면 8단 뜬 모습

15. 완성된 뒷모습

16. 완성된 앞모습

크리스마스 수세미

실 클로버 수세미 120, 124 (1겹), 흰색, 금사, 은사 (2겹)

 도구 모사용 코바늘 6/0호, 돗바늘

 사이즈 지름 12 cm

빨간망토의 Tip (색상 순서)
- 1단 : 흰색 2겹
- 2단 : 은색 또는 금색 2겹
- 3~7단 : 3색 배색 1겹
- 8~9단 : 은색 또는 금색 2겹

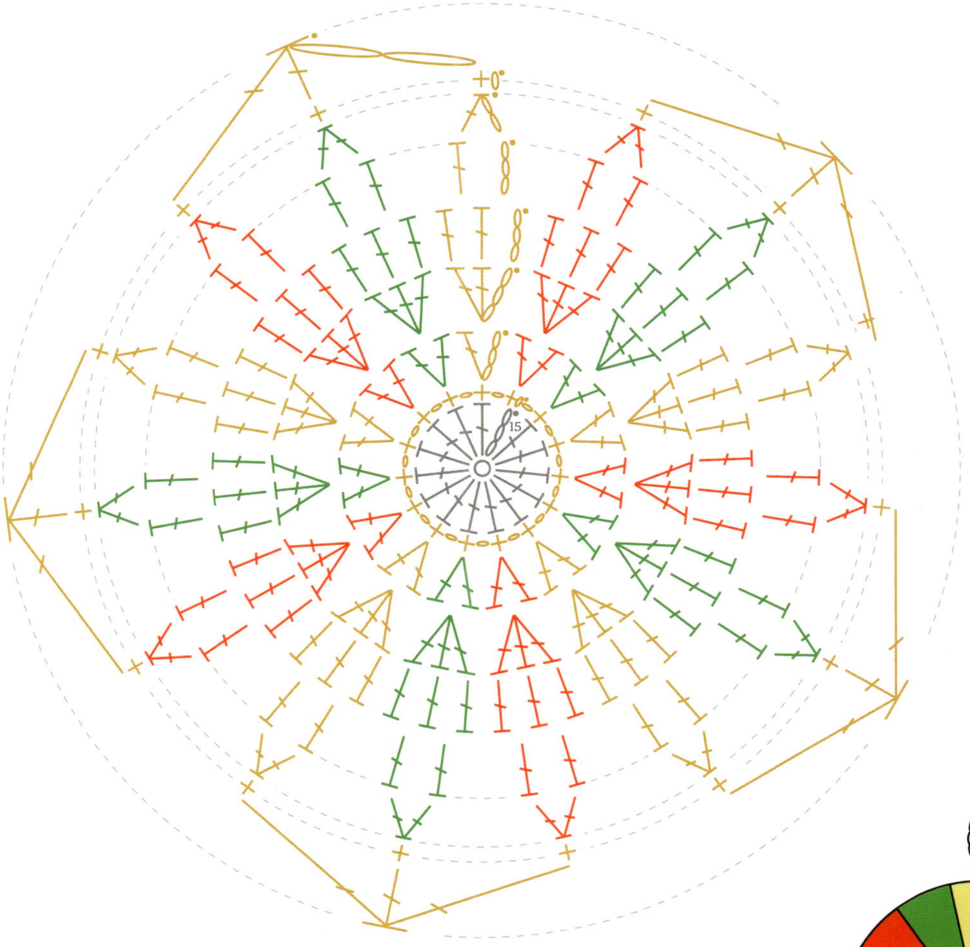

크 리 스 마 스

스티치(홈질 부분)

뜨는 법
1. 9단까지 뜨고 실을 40 cm 정도 남겨 자릅니다.
2. 돗바늘에 끼워 2단과 9단을 같이 홈질합니다.
3. 금사나 은사 부분 쪽으로 빼내서 고리(사슬 10~15코)를 만듭니다.

크리스마스 수세미

● 다양한 수세미들로 사랑을 품으세요.

● 사용 기호

- ● 빼뜨기
- ○ 사슬
- + 짧은뜨기
- T 긴뜨기
- ⊤ 한길긴뜨기
- V 한길긴뜨기 늘리기
- W 한길긴뜨기 두코 늘리기
- A 한길긴뜨기 두코 모아뜨기
- Ä 한길긴뜨기 세코 모아뜨기
- ⌡ 앞걸어 한길긴뜨기
- ⊤ 두길긴뜨기
- ⊤ 세길긴뜨기

 한길긴뜨기 구슬뜨기

 한길긴뜨기 다섯코 구슬뜨기

 팝콘뜨기(한길긴뜨기 5)

 팝콘뜨기(세길긴뜨기 5)